LOUIS GUIBERT

COLLECTIONS
ET
COLLECTIONNEURS LIMOUSINS

LA COLLECTION TAILLEFER

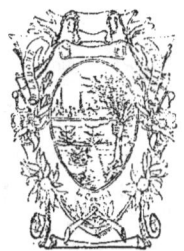

LIMOGES
IMPRIMERIE ET LIBRAIRIE LIMOUSINE
Vᵉ H. DUCOURTIEUX
7, RUE DES ARÈNES, 7

1893

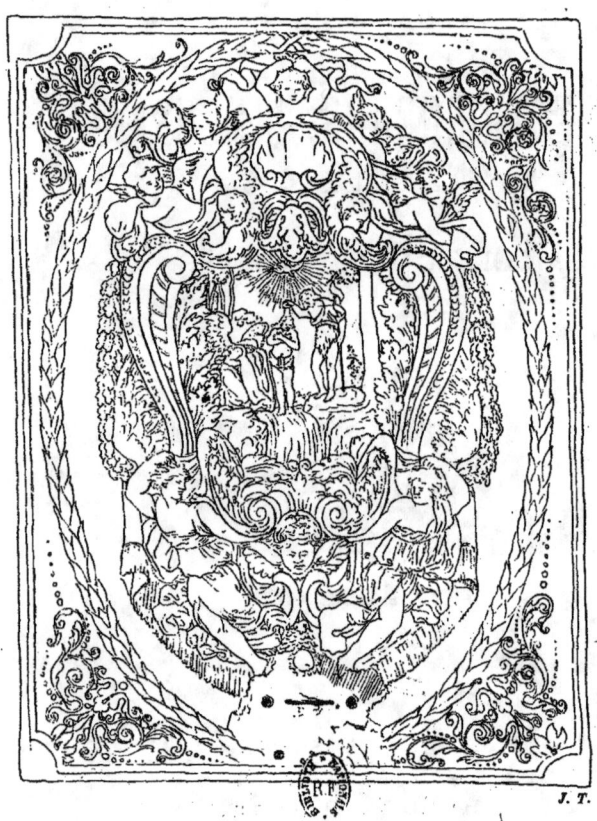

Cartel de bénitier, émail en grisaille, xviie siècle.

(Collection Taillefer)

LOUIS GUIBERT

COLLECTIONS

ET

COLLECTIONNEURS LIMOUSINS

LA COLLECTION TAILLEFER

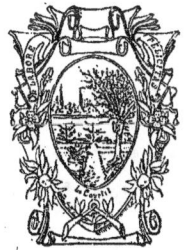

LIMOGES
IMPRIMERIE ET LIBRAIRIE LIMOUSINE
Vᵉ H. DUCOURTIEUX
7, RUE DES ARÈNES, 7

1893

COLLECTIONS ET COLLECTIONNEURS LIMOUSINS

La collection Taillefer

Il existait encore à Limoges, entre 1820 et 1830, un certain nombre d'émaux peints de la belle époque, conservés dans les maisons bourgeoises et à quelques foyers d'artisans aisés.

Les possesseurs de ces objets y tenaient comme à des souvenirs de famille et à cause des sujets pieux représentés sur la plupart; mais ils n'attachaient, pour ainsi dire, aucun intérêt d'art à ces petits tableaux, qu'on apercevait dans la chambre principale de la maison ou même dans la cuisine, accrochés aux deux côtés du trumeau de la cheminée invariablement surmontée du crucifix et de la branche de buis des Rameaux.

Comment s'étonner du peu d'attention qu'on accordait aux œuvres de nos émailleurs dans leur pays d'origine? A Paris même, sous l'Empire et la Restauration, les plus belles peintures, les coupes les plus admirablement décorées des Léonard Limosin et des Pierre Courteys se donnaient pour quelques centaines de francs. Telle pièce dont le prix a atteint cinquante ou soixante mille francs en vente publique au cours de ces vingt dernières années, avait été, un quart de siècle plus tôt, achetée douze ou quinze louis, ou troquée contre quelques marchandises de valeur courante et d'usage journalier : une glace ou un buffet par exemple. A cet égard, les choses se passaient à Limoges comme ailleurs, et il n'est guère de famille de notre ville où ne se conserve quelque anecdote piquante, attestant le peu de cas que nos ancêtres faisaient de leurs émaux.

I

Le séjour en Limousin de quelques fonctionnaires intelligents fut le signal de l'émigration de tout le vieux mobilier auquel nos pères se montraient si attachés et que lentement, malaisément, ils se décidaient à remplacer par des objets nouveaux.

Ces fonctionnaires étaient des gens de goût : ce qui ne les empêchait point d'être des gens habiles; ils surent persuader à leurs hôtes que le temps était venu de se débarrasser de toutes ces vieilleries. A ce moment, un retour se dessinait déjà vers les vraies traditions de l'art national depuis si longtemps abandonnées. Le romantisme allait profondément modifier certains préjugés, certaines données de notre esthétique usuelle, en déposant dans les esprits des germes qui devaient les uns y éclore presque instantanément, les autres s'y développer peu à peu. Le moyen âge et la Renaissance, que la majestueuse cour de Louis XIV avait presque effacés de la mémoire du pays, allaient reprendre leur place dans l'histoire. Cette place était occupée pour l'instant par la Grèce et Rome que la rhétorique de la période révolutionnaire avait fait refleurir, et à qui les gloires de l'Empire n'avaient certes pas nui. Grecs et Romains commençaient toutefois à avoir fait leur temps ; on en paraissait rassasié, surtout dans la peinture, où les sèches évocations du trop classique David fatiguaient à la fin les regards et ne suffisaient plus à satisfaire ni les exigences du goût ni les aspirations de l'esprit en quête d'horizons inconnus sinon nouveaux.

Les gens avisés prévirent, dès l'aube du romantisme, que de la littérature celui-ci allait passer dans les mœurs. Leur esprit en éveil comprit que le commerce pourrait profiter de la révolution qui s'inaugurait dans les idées. L'industrie vint plus tard avec ses imitations et ses trucs ; mais, avant son avènement, le simple trafic eut de beaux jours. De bonne heure et dès avant 1830, curieux, collectionneurs, revendeurs s'étaient mis en quête. Les épaves du passé, surtout celles ayant un caractère artistique, ils le comprenaient, allaient en peu d'années acquérir une valeur d'autant plus grande que le dédain où on les tenait depuis des siècles, avait amené la destruction ou la perte de beaucoup d'objets. Par suite, la valeur de la rareté allait s'ajouter à celle assignée à l'objet par son mérite intrinsèque. Inutile de dire que si ces idées hantaient quelques esprits éveillés, la population limousine dans son ensemble y restait complètement étrangère. L'élite elle-même de la société ne songeait pas que le romantisme pût révolutionner autre chose que la littérature, et peu à peu, inconsciemment, à l'instigation des gens de goût dont nous parlions tout-à-l'heure, se débarrassait de son vieux mobilier, pour acheter des meubles neufs. Parmi ces gens de goût, les uns venaient de Paris, les autres avaient dans la capitale d'utiles relations, on l'a su plus tard... Pour l'instant, nul ne songeait à donner un regret au vieil intérieur simple et sévère, à peu près confortable, au mobilier ample et solide d'antan ; on reléguait au grenier les grandes armoires de chêne, les lourds buffets de noyer ; on voyait partir sans tristesse les tapisseries si animées et d'une gamme de couleurs si bien en harmonie avec l'antique ameublement, les fines peintures sur cuivre, les merveilleuses broderies, les émaux aux tons si éclatants et si doux à la fois. On remplaçait tout cela par des papiers peints d'un effet plus ou moins décoratif, par des meubles légers, par des lithographies ou des gravures dans le goût moderne.

Nos pères étaient conquis et rajeunissaient leurs vieilles demeures. Pour mettre à la mode leur intérieur, les plus riches s'adressaient aux fournisseurs luxueux de Paris ; la plupart demandaient tout simplement leur nouveau mobilier aux tapissiers de Limoges, où venaient précisément de s'ouvrir des magasins bien approvisionnés et déjà pleins de tentations. Les vieux Limogeauds toutefois eurent en général le bon esprit de garder leurs meubles Louis XV et Louis XVI. On en trouve encore de beaux spécimens dans nombre de maisons. Tout le reste fut relégué dans les galetas ou vendu à vil prix. Les émaux, compris, comme nous l'avons dit, dans la proscription générale, furent cédés pour presque rien, ou donnés aux personnes obligeantes qui avaient ouvert les yeux aux infortunés Limousins sur la tristesse de leur intérieur, la ridicule antiquité et la simplicité mesquine de leur mobilier.

Semblable campagne se poursuivait dans les communes rurales. On persuadait au clergé qu'il devait rajeunir, lui aussi, la décoration des églises et leurs ornements. On faisait la chasse aux vieilles statues ; les reliquaires qui avaient survécu à la Révolution étaient traqués, décriés, mis au rebut, puis recueillis par d'obligeants *mercantis* qui traversaient le bourg par le plus inexplicable des hasards et qui voulaient bien en offrir quelques écus aux fabriques, misérables depuis la Révolution.

Combien de châsses artistiques, de croix intéressantes, de riches broderies ont été dans la première moitié de ce siècle vendus à vil prix ! Combien de fragments précieux de l'art ancien troqués contre un modeste ornement ou un de ces Chemins de Croix dont le temps et la poussière n'ont pas réussi, au bout de cinquante ou soixante ans, à atténuer les violentes couleurs !...

Deux préfets de la Haute-Vienne, M. le baron de Théïs et M. Germeau, comptèrent parmi les amateurs de la première heure, et par conséquent parmi les mieux partagés. Le premier se forma en moins de trois ans (août 1830 à juillet 1833) une collection d'un grand prix, qui a été vendue il y a peu d'années à Paris. Il en existe un débris intéressant au musée national Adrien Dubouché : un écusson aux armes de Limoges, en cuivre émaillé, avec buste de saint Martial au repoussé, paraissant dater des premières années du XVIe siècle. Cette très intéressante pièce provenait, dit-on, de la grande salle de l'ancien Consulat : elle a été rachetée pour notre musée, lors de la vente de la collection, et offerte gracieusement à la Ville par la propre fille de M. de Théïs, Mme de Saint-Cricq.

Pour ne parler que des émaux peints, il n'y en avait pas moins de cent cinquante-trois dans la collection de Théïs : on y remarquait un magnifique plat de Pierre Raymond représentant des scènes de la Genèse ; un beau triptyque de Nardon Pénicaud, dont un Calvaire décorait la plaque centrale, et un autre triptyque du fameux mais énigmatique Martin Didier-Pape. Le seul produit des vacations relatives aux émaux atteignit 88,000 ou 90,000 francs. La vente dura du 6 au 13 mai 1874.

La collection réunie en deux ans (juillet 1833 à juillet 1835) par M. Germeau, était plus importante encore et d'une valeur plus considérable que celle de son prédécesseur.

C'est surtout durant le séjour de ce préfet à Limoges que la préfecture devint un véritable musée : les relations nombreuses résultant d'importantes fonctions, beaucoup d'affabilité dans les rapports du premier magistrat du département avec ses subordonnés et la population, le désir chez maintes personnes de se concilier les bonnes grâces d'un homme par la main duquel le ministère distribuait ses faveurs, firent affluer à la préfecture les ivoires, les statuettes, les panneaux sculptés, les fragments de vitraux, les objets d'orfèvrerie, les émaux champlevés, les émaux peints... Les maires de campagne faisaient des tournées dans les villages pour être agréables au dispensateur des fonds départementaux et des chemins, si rares à ce moment et d'un prix si inestimable. Aucun hôte de l'hôtel de la préfecture n'a laissé de son passage parmi nous une trace aussi profonde. Le nom seul de M. Germeau éveille, avec le souvenir d'un administrateur du reste sympathique, éclairé et honoré, la pensée de toutes les richesses artistiques que nous avons possédées autrefois.

Disons cependant que cette collection, à l'époque où elle a été vendue (4 au 7 mai 1868), comptait moins d'émaux peints que celle de M. de Théïs. Elle n'en possédait qu'une quarantaine ; mais parmi eux se trouvaient des pièces de premier ordre, entre autres les grands portraits d'Emmanuel Philibert, duc de Savoie, et de Marguerite de France, sa femme, par Léonard Limosin; un portrait de Marguerite, sœur de François I*er*, par le même, etc... Bref la vente des émaux peints produisit, à elle seule, plus de 50,000 francs.

Mentionnons encore la collection de M. de Marpon, qui habita plusieurs années Limoges sous le second empire et y recueillit presque tout ce qui y restait de beau en fait d'émaux peints. Les deux préfets de Louis-Philippe ne nous avaient pas laissé grand'chose; le receveur général de Napoléon III ne nous laissa rien. Sa collection se vendit du 16 au 19 avril 1866 : une cinquantaine d'émaux peints y figuraient, parmi lesquels nous signalerons un beau triptyque, composé de douze pièces, représentant la Passion et appartenant à la première période de notre production.

Voilà comment les émaux de Limoges ont quitté leur patrie et pourquoi ceux qui méritent l'attention des amateurs sont si rares dans notre ville.

II

Les collectionneurs ont été de tout temps peu nombreux en Limousin. Il faut penser que le goût des objets d'art se développe malaisement dans notre air, dont la pureté n'exclut pas une certaine lourdeur. Au moyen âge, on ne doit chercher, en dehors des monastères, ni bibliothèque ni richesses artistiques. Plusieurs de nos évêques ont joui d'une opulence relative et vécu au milieu d'un certain luxe; on ne voit pas qu'aucun d'eux ait jamais possédé un ensemble d'objets rares ou précieux méritant d'être signalé. Le trésor de la cathédrale était assez modeste. Nos églises paroissiales restèrent pour la plupart fort pauvres jusqu'à la fin. A l'époque de la Renaissance, à la vérité, le goût des belles choses se développant, l'habitude s'introduisit au sein des confréries laïques auxquelles ces églises donnaient asile, de doter leur chapelle de pièces d'orfèvrerie et de riches ornements. Toutefois, le trésor de ces associations, de celle du Saint-Sacrement de Saint-Pierre-du-Queyroix elle-même, ne paraît avoir compris qu'un petit nombre de pièces.

L'abbaye de Saint-Martial, au contraire, qui possèdait au XIII*e* siècle quatre cent cinquante manuscrits, renfermait, dès une époque assez reculée, non seulement des pièces d'orfèvrerie d'une grande valeur, mais des ivoires, des statues, des étoffes précieuses, des broderies, de riches bannières. Le trésor de Grandmont, pillé à la fin du xıı° siècle (comme celui de Saint-Martial du reste), maintes fois dépouillé par la suite, mis à contribution par des abbés besogneux, mal surveillé, mal entretenu, déplacé à plusieurs reprises, conservait encore, à la veille de la Révolution, assez de châsses, de reliquaires et d'objets liturgiques pour qu'une partie des églises du diocèse aient pu s'enrichir de ses dépouilles.

Aux xvı° et xvıı° siècles, il se forma à Limoges, plusieurs bibliothèques d'une certaine importance, celle notamment de l'avocat du Roi Simon des Coustures et celle du lieutenant général Siméon Du Boys; cette dernière fut réunie à celle du chanoine Jean Descordes, laquelle devint, comme on sait, le noyau de la bibliothèque Mazarine. D'une lettre écrite, le 30 novembre 1750, par Dom Colomb, il résulte qu'à cette époque, il existait dans cette ville, — outre la bibliothèque du collège, celle des Carmes et celle des Récollets, riches en vieilles éditions, — plusieurs « cabinets » appartenant à des particuliers, et dont l'un notamment renfermait un certain nombre d'ouvrages du xv° siècle. L'abbé Nadaud, son continuateur Legros surtout, recueillirent non-seulement des livres et des manuscrits, mais des monnaies et quelques débris artistiques du moyen âge. Il est à présumer que le comédien Beaumesnil en fit autant. — M. Leduc, curé de Saint-Maurice, originaire de Coutances, appelé en Limousin par Mgr de Carbonel de Canisy, avait donné asile dans son presbytère, comme le fit plus tard M. Juge à la Pépinière des Arènes, à un certain nombre d'inscriptions romaines et de restes antiques. On en voyait partout : auprès du puits de sa cour, sur le perron de sa terrasse, dans son jardin. Au-dessus de la porte d'entrée du presbytère était placée une pierre tumulaire gallo-romaine en forme d'*acerra*, au-dessus de laquelle s'élevait une croix. A la suite de l'inscription antique énonçant la dédicace du monument aux mânes d'un Justin inconnu, le curé avait fait ajouter les mots : *Dux crucem apposuit*, avec la date de 1701. M. Juge n'est donc pas le premier à Limoges qui ait modifié des inscriptions antiques. On sait qu'il prit fantaisie au propriétaire de la Pépinière de gratter un mot de l'épitaphe du grammairien Blesianus, et de transformer, en substituant le mot d'*insitignis* à celui de *grammatices*, un prêtre des muses en simple jardinier.

Mais la seule collection vraiment digne de ce nom que possédât Limoges au dernier siècle, fut celle de M. de Lépine, subdélégué de l'Intendance, qui, dans sa maison de la place des Bancs, avait recueilli non-seulement de précieux manuscrits, des chartes intéressantes, des livres rares, mais des sculptures, des peintures, des ivoires, des monnaies, des sceaux, des objets de toute sorte d'art et de curiosité. On doit regretter qu'il n'ait pas été dressé de catalogue de cette collection. Aucun contemporain n'a fourni de renseignements précis sur sa composition et ses richesses ; elle a été dispersée et n'a laissé qu'un très vague souvenir.

De nos jours, ni M. Maurice Ardant, par les mains duquel passèrent, durant un demi-siècle, tant d'objets curieux à divers titres ; ni M. l'abbé Texier, qui avait vu et étudié tant de belles choses, n'ont formé à proprement parler de collection. L'un et l'autre toutefois ont laissé un certain nombre de spécimens de l'art Limousin dont quelques-uns sont encore conservés par leurs familles. Il faut dire aussi qu'ils dotèrent généreusement notre musée.

Deux personnes seulement à Limoges possédaient encore, il y a trente ans, un certain nombre d'émaux et pouvaient montrer aux étrangers un ensemble intéressant du plus beau peut-être de nos arts d'autrefois : M. Reculés et M. Taillefer.

De son vivant déjà, le premier avait cédé une partie de sa collection, réunie avec le concours de M. Ruben et de quelques amis : c'était la plus belle, dit-on, à tous égards, et la plus complète qu'ait jamais possédée un habitant de Limoges. Il y avait surtout un certain coffret de Pierre Raymond avec des plaques merveilleuses, qui fut vendu à Paris et dont tous ceux qui l'ont vu en parlent encore avec une vive admiration. M. Reculés garda cependant un assez grand nombre de pièces, et à sa mort, ses enfants ont pu se partager une soixantaine d'émaux de valeur fort inégale.

Il a été permis aux visiteurs de l'Exposition de 1886, grâce à l'obligeance de MM. Demartial et de M. Reculés fils, d'étudier ce qui reste de cette importante collection : — *reliquias tenues*, pouvons-nous dire avec le poète; car malgré l'intérêt que présentent plusieurs des émaux provenant du cabinet de M. Reculés, il n'y en a aucun d'un très grand mérite. Les plus beaux morceaux ont depuis longtemps quitté le Limousin. Un lot seulement de ces émaux est actuellement à Limoges. C'est celui dévolu à M. Henri Reculés. On y remarque un petit tableau d'une composition bizarre mais d'un beau coloris : « Saint-Côme trépanant un malade », et une jolie série des médaillons des douze Césars, de Jacques I Laudin, série qu'il est assez rare de rencontrer complète.

Ce n'était pas à Limoges seulement qu'on avait conservé des émaux peints et que quelques personnes les collectionnaient. Sans beaucoup chercher, on en pouvait trouver dans toutes les maisons bourgeoises de nos petites villes, dans les chambres nues des vieilles auberges, au mur blanc des chapelles, au fond des églises de campagne. Trois ou quatre personnes se livrèrent à la chasse aux émaux.

M. Dépéret, curé de Solignac et du Vigen, puis de Saint-Léonard, prit le goût de ces objets à force d'en voir. Il donna ou céda les premiers qui lui tombèrent entre les mains ; plus tard il se décida à garder pour lui ces petites peintures d'un éclat si vif et si puissant, d'une note artistique si vibrante, dont le charme l'avait peu à peu gagné et dont il comprenait à présent la réelle valeur. Il en recueillit partout : on lui en donna beaucoup ; il en acheta quelques-unes. A sa mort, le presbytère de Saint-Léonard en possédait un grand nombre. Cette collection, qui était peut-être, à l'extérieur, la plus connue de celles du pays, passa à un frère ou à un beau-frère du curé, M. Louis Dépéret, de Pierrebuffière, qui la vendit à un M. Rochoux, marchand d'antiquités à Paris.

Il y a là-dessus une histoire amusante, que nous avons entendu bien des fois raconter à notre vieil ami, M. Nivet-Fontaubert.

M. Rochoux venait de conclure sur place le marché à un prix relativement assez doux. De retour à Limoges, il avait fait déposer dans une chambre d'hôtel la caisse qui renfermait la précieuse collection, et, après avoir mis la clef dans sa poche, il redescendait l'escalier en supputant déjà les jolis bénéfices qu'il comptait tirer de la revente des émaux du curé de Saint-Léonard.

Dans le couloir il heurte un voyageur qui arrivait. Celui-ci le dévisage et pousse une exclamation de surprise :

— Tiens, Monsieur Rochoux?
— Quoi! C'est vous, Monsieur Mannheim?

C'était en effet le célèbre expert, qui, tout poudreux, descendait de la diligence.

— Et qui vous amène ici à cent lieues de Paris et de la salle des ventes, mon bon Monsieur Mannheim?
— Une affaire, une petite affaire...
— Une grosse affaire, voulez vous dire, sans doute, car un homme comme vous n'a pas l'habitude de se déranger pour rien.
— Disons une affaire tout court, si vous voulez.
— Et cette affaire?
— Oh! il ne s'agit de rien à Limoges cette fois. Je vais plus loin, à quatre ou cinq lieues d'ici, dans un petit endroit qui s'appelle Pierre... Pierre...
— Pierrebuffière, peut-être?
— Précisément, Pierrebuffière.

— Et qu'allez-vour chercher à Pierrebuffière, si je ne suis pas trop curieux ?

— Ma foi, je puis bien vous le dire, mon cher Rochoux : je vais y acheter des émaux.

— Des émaux, Monsieur Mannheim ! Est-ce qu'il y a encore des émaux dans ce pays ?

— Parfaitement, et de très beaux.

— En êtes-vous bien sûr ?

— Si j'en suis sûr ! Voilà une lettre que j'ai reçue samedi dernier et sur laquelle je me suis mis en route...

— Trop tard, Monsieur Mannheim, trop tard ! J'étais parti la veille, et les oiseaux sont dénichés. Remerciez-moi de vous épargner la fatigue et la dépense du voyage de Pierrebuffière ; c'est bien assez d'être venu de Paris.

— Comment ! La collection Dépéret ! Les émaux de Pierrebuffière ?...

— N'appartiennent plus aux héritiers Dépéret et ont pour toujours quitté Pierrebuffière depuis quelques heures. Ils sont là haut, dans ma chambre.

— Allons ! j'en suis pour mes frais. Pourrait-on les voir, au moins, ces émaux qui nous ont fait faire cent lieues à tous deux ?

— Certainement ! J'aurai même à vous demander votre avis sur quelques-uns d'entr'eux qui me semblent offrir des particularités bien intéressantes...

— Montons, montons vite, mon cher Rochoux.

Dix minutes plus tard, l'expert achetait pour 40,000 francs le contenu de la caisse de Rochoux et faisait transporter dans sa chambre les émaux du curé Dépéret. Quelques semaines après, il les vendait à Paris quelque 120 ou 130,000 francs, dit l'historien. Nous avons cité notre auteur, et la fidélité de la mémoire de M. Nivet est trop connue de tous ses amis pour qu'on puisse suspecter le moindre détail de ce récit.

La pièce capitale de la collection de l'ancien curé de Solignac était un tableau de dimensions exceptionnelles, représentant un saint Christophe. Parmi les objets emportés à Paris par M. Mannheim, figuraient aussi deux jolies salières représentant les neuf Muses et signées de Jean Limosin.

III

En dehors de la colonie étrangère, deux personnes surtout, à Limoges, achetaient des objets d'art et de curiosité entre 1830 et

1845. Ajoutons qu'ils les payaient les prix du temps, c'est-à-dire presque rien, et qu'ils ne les recueillaient que pour les revendre. L'un était M. Godot, « le père Godot », comme on l'appelait familièrement, lequel faisait surtout des acquisitions pour un collectionneur de Toulouse; l'autre, M. Minier, tenait un magasin d'antiquités sur la place Royale. M. Minier courait le pays ; il a beaucoup acheté et beaucoup vendu ; il a été mêlé à plusieurs histoires qui ont fait du bruit dans le temps, entre autres à l'affaire de la châsse de Saint-Viance. On voit que nos dépisteurs d'objets d'art ne se contentaient pas de battre les environs de Limoges et de démeubler les quatre arrondissements de la Haute-Vienne : ils étendaient le champ de leurs exploits à la Corrèze, voire à la Creuse. Plus d'une église dépouillée de ses trésors pourrait en témoigner. Le clergé, nous l'avons dit, les laissait faire assez volontiers. Bien peu nombreux étaient les prêtres énergiques et résolus comme ce curé d'Ambazac qui, voyant son conseil de fabrique déterminé à vendre à un sieur Renard la belle châsse de saint Etienne de Muret, se décida en désespoir de cause à ameuter la population contre l'acheteur. L'infortuné Renard dut s'échapper par une fenêtre, et, grâce à la vigueur du brave prêtre, le Limousin conserva une des plus précieuses œuvres d'art qu'il puisse aujourd'hui montrer aux étrangers. Bons Limousins, archéologues ou profanes, collectionneurs ou indifférents, n'oubliez jamais le nom du curé Gardaveaux !

Quelques bonnes fortunes échurent au père Godot, comme à son concurrent Minier. Nous en avons entendu maintes fois citer une. — L'histoire (faut-il dire l'histoire ou la légende ?) rapporte qu'une honnête famille d'artisans du quartier de la fontaine des Barres possédait un fort beau plat d'émail — un Raymond suivant les uns, un Courteys, s'il faut en croire les autres, — où de temps immémorial on faisait cuire les pommes au four. Il n'y avait pour ces braves gens de bonnes pommes cuites que celles qui avaient rissolé dans ce plat. M. Godot, qui le guignait depuis longtemps, finit par l'obtenir pour deux ou trois écus : à cet argent il dut ajouter un superbe plat de faïence, peint des plus riches couleurs, mais où, à ce qu'on prétend, les pommes n'avaient plus la saveur exquise qu'on leur trouvait au temps où elles étaient portées au four dans le plat d'émail...

On en avait vu bien d'autres en Limousin ! N'a-t-on pas gardé le souvenir de cet honnête Coutaud, qui acheta les fragments de l'autel et du retable de Grandmont, et qui brisait, à grands coups de marteau, des émaux magnifiques, pour en détacher ensuite les fragments, afin de faire refondre le cuivre.

M. Minier avait un beau-frère du nom d'Hippolyte Taillefer, voyageur pour la maison Tollu-Nivois, rue Saint-Martin, à Paris, lequel, tout en plaçant ses mouchoirs et ses cotonnades, cherchait pour M. Minier des objets d'art et des antiquités. M. Taillefer fit peu à peu des acquisitions pour son compte. Plus d'une fois, il eut lui aussi d'heureuses rencontres. Il gardait notamment le souvenir d'un magnifique plat de Pierre Raymond, représentant le songe de Pharaon et les plaies d'Egypte, et qu'on lui avait apporté un jour dans une petite ville du département. Les bonnes gens qui l'avaient trouvé chez eux, dans quelque recoin d'armoire abandonnée, l'avaient pris pour un plateau à mouchettes d'un décor ultra-riche et de dimensions inusitées. M. Taillefer acheta pour trente ou quarante francs ce superbe morceau, que plusieurs amateurs de Limoges se rappellent avoir vu entre ses mains et dont ils vantent l'extraordinaire éclat; ce plat fut présenté par l'acquéreur, lors d'un de ses voyages à Paris, à plusieurs collectionneurs, à M. Thiers entre autres; mais on était alors au mois de juillet ou d'août 1840 : on se croyait en France à la veille d'une guerre. M. Thiers, absorbé par les préoccupations des événements politiques, ne prêta qu'une attention distraite à l'objet soumis à son examen. Le plat dont il s'agit était d'ailleurs d'une si belle conservation que l'expert du Ministre avait émis des doutes sur son authenticité. L'illustre homme d'Etat a pris depuis lors conseil d'experts moins méfiants, comme en témoigne hélas ! la fameuse fresque de La Magliana. — Un autre collectionneur, le marquis d'Aligre, fut mieux avisé : il acheta le plat. M. Taillefer eut pour sa part 2,300 francs ; il a toujours soupçonné l'expert qui lui avait remis cette somme de la part de l'acquéreur, d'avoir prélevé sur l'affaire une commission supérieure au tant pour cent convenu.

A force d'acheter des émaux et d'en revendre, M. Taillefer, qui s'était établi pour son compte et avait ouvert un magasin place des Bancs, finit par devenir un connaisseur et un amateur : il se prit d'une véritable passion pour les chefs-d'œuvre de notre vieil art limousin.

Bien que sa position fût assez modeste, il voulut avoir une collection lui aussi. Tout en continuant à se défaire d'une partie de ses trouvailles, il mettait de côté, de temps en temps, une pièce qui lui avait plu. Ainsi se forma sa collection, qui, souvent rafraîchie par de nouvelles acquisitions et plus d'une fois renouvelée de fond en comble, dut à un certain moment être assez considérable : elle a été visitée entre 1850 et 1890 par tous les amateurs un peu marquants de passage à Limoges.

IV

Telle que nous la connaissons depuis vingt ans, la collection Taillefer se compose de trente-quatre pièces : trente-trois émaux et une peinture sur cuivre d'une rare finesse d'exécution et d'un charme exquis, représentant une Sainte Famille, œuvre de l'école italienne, qui n'est peut-être pas un original, mais qui est au moins une très remarquable copie.

Les émaux réunis par M. Taillefer sont de valeur et de mérite très divers. Il est toutefois à noter que la collection ne renferme aucun de ces horribles bonshommes du dernier siècle et du commencement de celui-ci, dont un grand nombre se sont trop bien conservés dans nos familles et qui, pour trop de gens, représentent malheureusement la plus belle et la plus célèbre de nos industries d'art limousines. Avouons que ces affreuses peintures la représentent bien mal, et que plus d'une fois, en passant devant certaines vitrines trop richement fournies de l'Hôtel-de-Ville, au cours de notre intéressante Exposition de 1886, nous nous sommes demandé si nous n'avions pas commis une véritable irrévérence envers la chère mémoire de nos artistes du grand siècle en plaçant, à la suite de leurs œuvres et auprès d'elles, les tableaux difformes de dessin, criards de tons, gauches de composition, maladroits d'exécution, parfois grotesques d'aspect, de leurs indignes successeurs...

La perle de la collection qui fait plus spécialement l'objet de cette notice, est une admirable petite *Mise au tombeau,* du commencement du xvi° siècle, émail d'une remarquable finesse, de l'expression la plus touchante et de la plus jolie couleur. L'exécution en est irréprochable. Deux pièces analogues, mais inférieures à celle-ci comme valeur artistique, existent dans la riche galerie Spitzer, à Paris; une autre au Louvre. Cette dernière forme le volet d'un triptyque.

Voilà en quels termes nous décrivions ce morceau, il y a six ans, dans une des notices qui accompagnent l'intéressant recueil de dessins de notre ami Jules Tixier, *l'Art rétrospectif à l'Exposition de Limoges :*

« Un ange revêtu de l'aube et le manipule autour des épaules, supporte le corps du Christ descendu de la croix, et présente à la vénération du spectateur le cadavre divin, dont les bras pendent et les jambes fléchissent. Au premier plan, saint Jean, à genoux, soutient la Mère de Douleurs, qui s'évanouit ; il étend la main comme pour écarter de la Vierge ce triste spectacle ou pour arracher du front de son maître la couronne d'épines que va bientôt remplacer la couronne de gloire. Autour d'eux, tous les attributs et les accessoires de la Passion : la croix, l'échelle, la lance, l'éponge enfiellée, la colonne et les lanières des fouets, les vêtements tirés au sort, les dés, les clous, le sépulcre ouvert et le suaire qui attend le cadavre. » Le coq même se trouve là pour rappeler, à côté des instruments de la torture physique, le souvenir de la douleur morale et de l'abandon. — « Ce tableau, ajoutions-nous, n'est pas seulement remarquable par sa naïveté charmante et l'intensité de l'expression, c'est au point de vue de l'exécution un véritable chef-d'œuvre. »

L'opinion d'un connaisseur émérite, admirablement préparé par la pratique de l'art de l'émailleur à apprécier les œuvres de nos anciens maîtres, ne différait en rien de la nôtre :

« Cet émail, écrivait M. Louis Bourdery dans son remarquable travail sur les *Emaux peints de l'Exposition rétrospective de Limoges*, mérite toute l'attention des connaisseurs. C'est un petit chef-d'œuvre, d'une rare perfection, d'un charme infini, qu'on ne se lasse pas d'admirer et qu'on ne saurait trop étudier. Le dessin en est naïf et savant à la fois, l'exécution simple dans ses moyens, mais déjà d'une habileté consommée. La coloration claire, gaie et moelleuse, est en même temps riche et soutenue, l'aspect général réellement délicieux. »

Le jugement de M. Courajod, celui de M. Emile Molinier, ceux de M. Léon Palustre, de M. Ernest Rupin, de M. Germain Bapst, de Mgr Barbier de Montault et de bien d'autres, sont venus confirmer nos appréciations.

Il y a un abîme entre la délicatesse de touche, l'harmonie de la disposition, la fraîcheur et la franchise du coloris qu'on admire dans ce joli tableau, et le dessin barbare, la composition gauche, les couleurs ternes et pâles de nos émaux peints primitifs : des plaques, par exemple, du reliquaire de saint Sébastien, conservé dans l'église de Saint-Sulpice-les-Feuilles, que décrit un inventaire de Grandmont des 15 et 16 février 1496 et qui sont la *première peinture sur émail* mentionnée dans un document à date certaine. Et cependant, vingt ou vingt-cinq ans, peut-être moins, séparent les dates respectives que l'on peut assigner à ces deux pièces !....

Ce beau spécimen des produits de la première génération de nos grands émailleurs est sans conteste sorti de l'atelier et de la main même d'un des Pénicaud. Il porte le poinçon adopté pour marque de fabrique par les artistes de cette famille, dès le premier quart du xvi° siècle, le monogramme formé d'un L et d'un P couronné : Mais est-il bien l'œuvre de Léonard Pénicaud, de ce Nardon, dont un bel émail du musée de Cluny porte le nom, avec la date du 1er avril 1503? L'attribution, il faut le reconnaître, est fort douteuse et peut-être Jean Ier aurait il plus de droits à réclamer cette plaque. Dans le volume de la *Bibliothèque des Merveilles* consacré à l'émaillerie, M. Em. Molinier fait remarquer avec raison que Nardon a bénéficié de l'ignorance profonde où nous sommes des autres artistes qui à la même époque vivaient autour de lui à Limoges, et que, par suite de cette ignorance, son œuvre s'est trouvée enrichie de toutes les pièces remarquables des xv° et xvi° siècles, présentant un système de fabrication et un style archaïques...

Qu'elle soit de Nardon, comme M. Bourdery semble assez disposé à l'admettre, ou d'un autre Pénicaud, la plaque est charmante et la personne la plus étrangère aux choses de l'art éprouvera une impression agréable à la regarder. On en trouve un croquis dans l'*Art rétrospectif* de M. Tixier et une belle reproduction photographique dans l'*Album de l'exposition de Limoges*, de M. Mieusement.

V

Les émaux des dernières années du xv° siècle et ceux du commencement du xvi°, les incunables de notre fabrication limousine, ne sont pas très rares. Il est même assez remarquable qu'il s'en soit conservé un aussi grand nombre, et on peut voir là une preuve de la rapidité avec laquelle se développa la production de nos ateliers. Mais à part les plaques signées de maîtres connus ou ayant un mérite d'art incontestable — et celles-ci atteignent en général des prix très élevés — ces premiers témoignages du réveil des traditions artistiques dans notre ville sont d'un aspect médiocrement agréable. Tel est le *Pilate se lavant les mains*, qui, sans déparer la collection Taillefer, et en y apportant au contraire une note utile, n'ajoute pas grand chose à sa valeur. Tel encore une sorte de petit médaillon représentant un *Ecce Homo*, que sa facture, et son style non moins que certains détails caractéristiques, rapprochent d'une catégorie d'émaux très inégaux de mérite et qu'on a longtemps attribués aux ateliers d'Italie, attribution qui ne repose sur aucune donnée sérieuse.

La première de ces pièces, le Pilate, appartient à une autre famille très nombreuse d'émaux qui probablement ne sont pas tous de la même époque, mais que rapprochent leur style barbare, leur composition peu compliquée, leur dessin sommaire et leur exécution visiblement hâtive. Ces peintures là n'étaient point faites pour les galeries des princes. Encore de nos jours on en trouve un peu partout, et tout dernièrement un de nos amis en rapportait un, d'une authenticité incontestable et d'une conservation parfaite, du fond de l'Amérique du Sud.

Ces produits de ce que nous serions tenté d'appeler l'émaillerie populaire et qui représentent surtout des images pieuses et des scènes de la Passion, se divisent en deux branches bien nettement différenciées : l'une est caractérisée par l'apprêt très rudimentaire comme par la simplicité de composition et par le coloris des plaques, assez corsé, mais sans recherche et sans beaucoup d'art, l'abus des teintes plates, l'absence presque totale de modelé (sauf dans les figures), le rôle dominant dans la tonalité usuelle d'un jaune tirant sur le brun et empruntant parfois au cuivre un peu d'éclat ; la seconde offre des scènes mieux composées et témoigne d'un effort plus grand ; mais le dessin est mou, les figures sans énergie, sans grâce, raides et engoncées ; le coloris pâle, anémique, presque savonneux, affecte ces tons de faïence qu'on retrouve chez tous les derniers émailleurs.

Les émaux les plus remarquables, après la *Mise au tombeau* de Pénicaud. que possédât M. Taillefer, étaient deux plaques de Léonard Limosin, d'une époque intéressante et d'une bonne facture ; ni l'un ni l'autre de ces tableaux ne constitue, malheureusement, une composition originale ; ils sont tous deux empruntés, comme la plupart des productions du maître durant la première période de sa longue carrière artistique, à des gravures allemandes et représentent deux scènes comprises à des séries très connues d'Albert Dürer.

Un de ces émaux, *Adam et Eve chassés du Paradis terrestre*, a été reproduit par M. Mieusement dans son *Album*, et M. Tixier en a donné un croquis. Ce tableau copie à peu près une gravure de la *Petite Passion* de Dürer, publiée en 1510. Les deux coupables sont nus et fuient sous le ciel étoilé devant l'ange armé d'une épée flamboyante. Le visage de l'un et de l'autre exprime la terreur, et, malgré l'aspect massif de l'ange, le dessin un peu tourmenté des deux corps et leurs formes trop exubérantes, effet d'une réaction toute naturelle contre l'excessive sécheresse des formes et l'indication trop discrète des nus au moyen âge, l'effet général est excellent. L'émailleur n'a pas servilement reproduit le grand artiste allemand; il est resté toutefois dans la note et dans le sentiment de l'œuvre dont il s'est inspiré. Ce sentiment s'accuse dans quelques détails, par exemple dans l'attitude, j'oserais presque dire l'expression, de l'arbre qui étend ses rameaux au-dessus de la scène et qui associe véritablement son anathème, l'anathème de la nature entière, à la malédiction du Très-Haut. Ses branches tordues, dont l'une a tout à fait le mouvement d'un bras lançant le javelot, semblent adresser une solennelle menace aux fugitifs et leur montrer, d'un geste impérieux, la porte du séjour de délices qui va pour jamais se refermer quand ils l'auront franchie. Le génie Allemand se trahit là.

Un cartel, qui se balance à un rameau, à la droite du spectateur, porte les initiales de l'artiste et la date de 1534. La pièce appartient donc à la jeunesse de Léonard.

Elle n'en est pas moins remarquable. Le maître s'y montre déjà en possession de toutes les ressources de son art, de tous les procédés de la technique, employant concurremment l'apprêt en blanc, l'apprêt en noir, le paillon, l'émail translucide, les rehauts d'or. La plaque révèle déjà cette habileté merveilleuse et cette entente consommée de l'effet, ce coloris si varié et si vibrant, qui font des œuvres de Léonard les spécimens les plus complets et les plus merveilleux de ce que peuvent obtenir les divers procédés de la peinture en émail. Elle a déjà ces lumières vives sans crudité, qui frappent l'œil comme éclate à l'oreille une fanfare de trompette; et ces notes douces, chaudes, graves, profondes, analogues aux sons à la fois larges et pénétrants du violoncelle, qui caressent pour ainsi dire le regard, s'emparent de lui et le retiennent sous le charme. Il ne faut rien exagérer, évidemment, et la plaque dont nous parlons ici n'est qu'un des plus modestes produits du grand artiste; mais c'est un spécimen caractéristique de sa technique, de son style et de son talent.

Plus riche encore est le coloris de la seconde plaque : « Jésus aux Limbes », dont Léonard a emprunté, avec l'ensemble de la composition, les principaux détails à un numéro de la *Grande Passion*. Là encore nous trouvons une étude de nu intéressante; là encore nous constatons l'emploi simultané des divers procédés de l'émaillerie. Les démons à formes monstrueuses hantant le chemin que vient de parcourir le Christ, vainqueur de la mort, et s'épuisant en vains efforts pour pénétrer dans le séjour où les justes attendaient le Rédempteur, fournissent à Limosin l'occasion de jeter dans son tableau les notes les plus chaudes, les mieux timbrées, les plus hardies de sa palette. Très curieuse pièce celle-là encore, et vraisemblablement d'une date peu différente de celle du précédent tableau.

VI

Trois plaques peintes en grisaille sur fond noir et provenant d'un coffret, appartiennent sûrement à la grande période de production de nos ateliers limousins, c'est-à-dire au milieu du xvi⁰ siècle. C'est le moment où les sujets profanes et spécialement les scènes mythologiques usurpent dans presque toutes les compositions la place jusqu'alors occupée par les sujets religieux.

Ces pièces nous apportent une note intéressante. Deux d'entre elles représentent « l'Education d'Achille » ; la troisième, « Orphée charmant les bêtes sauvages ». M. Louis Bourdery nous apprend que cette dernière a été empruntée à une composition d'Etienne Delaulne, et constate, dans son étude sur les *Emaux peints à l'exposition de Limoges*, déjà citée par nous et consultée plus d'une fois au cours de notre notice, combien cette plaque est à tous égards supérieure aux deux autres, bien que la grisaille de la pièce ait souffert à la cuisson. L' « Education d'Achille » est d'une main moins ferme, et il est impossible d'accepter l'attribution que M. Maurice Ardant fit jadis à Jean Court, dit Vigier, de ces figures d'un dessin incorrect, d'un modelé insuffisant et d'un aspect cotonneux. L'*Orphée* lui-même ne paraît pas être une œuvre du célèbre émailleur, bien qu'à certains égards on puisse ne pas le juger indigne de lui. On doit regretter que ces trois morceaux ne soient pas en bon état.

Plus belle et d'une exécution incomparablement plus satisfaisante, est la « Charité romaine », superbe grisaille teintée de bleu, dénotant une rare habileté et un véritable tempérament d'artiste. Le sujet est classique et les fabricants de pendules entre 1780 et 1840 en ont abusé : « Un vieillard, condamné à mourir de faim, est sauvé par sa fille qui vient l'allaiter ». De cette scène que le faux bronze a traitée avec un luxe de détails souvent fâcheux, l'émailleur n'a retenu que l'essentiel : les deux personnages à mi-corps. L'aspect général, l'opulence des formes et un certain caractère de vulgarité, évoquent le souvenir de Rubens et de son école. Toutefois l'ampleur et la simplicité de la composition, la liberté de l'allure, une certaine rudesse, dénotent la grande époque de l'émaillerie. Plusieurs connaisseurs n'hésitent pas à attribuer au xvi⁰ siècle ce beau morceau qui par malheur n'est pas signé ; il ne serait pas impossible que la « Charité romaine » fût l'œuvre de Pierre Courteys, un des artistes les plus puissants et les plus complets de la pléiade limousine.

Nous arrivons à deux plaques en grisaille sur fond noir, destinées à former pendants et néanmoins d'une valeur fort différente. L'une offre l'image du Christ, Sauveur du monde — *Salvator mundi* —. C'est de beaucoup la meilleure. Bien que le dessin ait une certaine sécheresse, cette figure, qui se présente de profil, ne manque ni d'énergie ni de grandeur; mais elle est dure, peu aimable : ce Jésus-là pourra vaincre la mort et commander aux éléments, il ne gagnera pas les âmes. Nos artistes de cette époque ne connaissaient pas le type séduisant de Jésus que l'imagerie du Sacré-Cœur a popularisé depuis vingt ans et à la fixation duquel les idylles de M. Renan ont eu peut-être plus de part que les fortes inspirations de la foi. L'art subit toujours l'influence du milieu dans lequel il se manifeste, et il en garde parfois de singuliers stigmates.

L'autre plaque, « La Vierge », n'est pas absolument sans intérêt, mais elle ne dit pas grand'chose, et on ne peut certes pas la compter parmi les bonnes pièces de la collection.

Nous leur préférons une « Sainte-Claire » que M. Bourdery attribue à Léonard II ou à Jean I Limosin, — on sait à quel point la généalogie de cette famille est embrouillée et combien les amateurs ont besoin que, par de nouvelles découvertes, les érudits leur fournissent un cadre sûr pour le classement des œuvres des artistes secondaires appartenant à la lignée du grand Léonard.—Malgré son peu d'éclat, cette Sainte-Claire a une certaine grâce sévère à laquelle on ne reste pas insensible, et nous la préférons au Saint-Charles-Borromée, du même auteur peut-être, dont l'exécution n'est pas moins habile au point de vue technique de l'émail, mais dont le visage au profil allongé rappelle par trop la tête de certains animaux.

Il faut dire que cette singularité est moins sensible sur ce tableau que sur de mauvaises copies de cet émail, et elles sont nombreuses, à Limoges et ailleurs... Notons que les deux pièces dont nous venons de parler témoignent, par la bonne qualité de leur coloris, du maintien des traditions des maîtres dans les ateliers limousins après la disparition de nos grands artistes.

VII

Une plaque en grisaille, provenant d'un grand bénitier et représentant « le Baptême de Jésus-Christ », est, de l'avis de tous les connaisseurs, un des plus beaux morceaux de la collection. Appartient-elle à la fin du xvie siècle, comme le pensent plusieurs de nos amis, ou ne remonte-t-elle qu'aux premières années du siècle suivant, comme nous serions assez porté à le croire ? il importe peu ; un intervalle de vingt ou trente ans ne change rien ni à son mérite ni à sa valeur.

Les Laudin, Jacques Ier surtout, ont exécuté de fort belles grisailles; mais celle-ci ne paraît pas devoir leur être attribuée. Nous n'en connaissons pas de plus délicate, de plus soignée parmi les œuvres du XVIIe siècle, assez nombreuses, qui existent encore en Limousin et nous n'en avons pas vu de cette période, nous ne faisons aucune difficulté de le reconnaître, où la science de l'arrangement et l'entente de l'effet soient portées aussi loin. Si nous ne sommes pas en présence d'un produit de la grande époque, nous en avons ici un précieux reflet. C'est à l'encadrement de son sujet et à la partie décorative que l'artiste a donné tout particulièrement ses soins. Une description un peu détaillée de ce joli morceau ne sera pas sans intérêt. On ne s'étonnera pas que nous l'empruntions à l'ouvrage de M. Bourdery, auquel nous avons déjà plusieurs fois eu recours ; écoutons donc le maître émailleur qui a si bien qualité pour apprécier les belles œuvres de ses devanciers :

« Sur le fond noir d'une grande plaque rectangulaire, aux angles garnis de beaux rinceaux d'or, se déploie une importante composition ovale limitée par un tors de laurier et dont le sujet, de très petites dimensions, occupe le centre. Le Christ est debout, la tête inclinée et les bras croisés sur la poitrine, les pieds baignant dans un torrent. Saint Jean verse de l'eau sur la tête du Sauveur. En face, un ange à genoux tient une draperie étendue. La majeure importance de la plaque a été donnée à l'encadrement, sorte de cartouche assez compliqué, très riche, sans lourdeur et d'un parfait arrangement. Il est supporté et couronné par des anges, orné de feuillages, coquilles et guirlandes... » Comme ensemble décoratif, rien n'est plus satisfaisant.

L'album de M. de Mieusement renferme une reproduction de cette jolie et délicate grisaille.

Le portrait de Mathieu Molé, par François Guibert, a toujours passé pour une des pièces les plus rares et les plus curieuses, mais non des plus jolies, de la collection. L'aspect barbare de ce petit tableau est dû moins à l'incorrection et à la dureté du dessin, qu'à l'absence complète de tous intermédiaires et de dégradations : les clairs se détachent brutalement, sans préparation, sans transition, sur les ombres, d'où un modelé d'une sécheresse excessive, heurté, sans harmonie, d'un effet général étrange, presque déplaisant. Toutefois la couleur est riche et dénote chez l'artiste un certain tempérament.

François Guibert, que M. Emile Molinier a omis dans son *Dictionnaire des émailleurs,* est pourtant le seul émailleur de cette famille dont on connaisse des œuvres signées. Maurice Ardant, qui avait étudié des milliers de pièces, aujourd'hui répandues dans le monde entier, n'a rencontré que trois émaux portant la signature ou plutôt les initiales de François. Ce sont : une petite plaque de la collection Reculés, d'un aspect plus barbare encore que le Mathieu Molé, représentant sainte Marguerite, la patronne de Marguerite Veyssière, femme de l'émailleur, et portant la date de 1655, — le portrait de la collection Taillefer, daté de 1656, et un Calvaire en grisaille, daté de 1657, appartenant au cabinet d'un amateur de Bordeaux. Ces plaques sont toutes trois signées F. G. et leur attribution n'est pas douteuse. En 1655, précisément, « François Guibert, émailleur », figure sur les livres de l'abbaye de Saint-Martial, pour une redevance sur sa vigne du Clos des Guibert ; la qualification d'émailleur est donnée à l'époux de Marguerite Veyssière eu 1671, dans l'acte de baptême d'un de ses enfants, et le 24 décembre 1684, dans l'acte d'inhumation de l'artiste lui-même, mort la veille.

VIII

Voici la série des Laudin qui commence. — Nous décrivions un peu plus haut une plaque de bénitier représentant le baptême du Christ qu'on attribue généralement, mais sans preuve suffisante, à l'un d'eux. L'attribution de ceux qui suivent ne peut faire l'objet d'aucun doute.

Très agréable d'aspect, assurément, est un bénitier en couleur de Nicolas 1er Laudin, représentant le même sujet ; son exécution nous semble fort supérieure à celle des autres bénitiers analogues qui nous ont passé par les mains. Entre celui-ci et la grisaille dont nous parlions tout à l'heure, il y a néanmoins une grande distance. Ce bénitier est du reste fort soigné, délicatement dessiné, peint avec finesse, et tout-à-fait charmant. Mais qu'en le regardant nous nous sentons loin de la vigoureuse et large facture des maîtres du xvie siècle ! Nous nous acheminons du reste vers l'emploi exclusif des couleurs ordinaires : la peinture opaque se substitue de plus en plus à la peinture en émail, qui est loin d'être la même chose. Il y a entre les résultats respectifs des deux procédés toute la différence qui s'accuse, dans la porcelaine, entre la couleur au feu de moufle et la couleur au grand feu : un abime...

Après les Laudin, les Noualhier : nous descendrons encore d'un degré ; car les Noualhier des xviie et xviiie siècles sont loin d'avoir les sérieuses qualités de leur homonyme du xvie.

Plus de profondeur, plus de relief, plus d'éclat. Les émailleurs de Limoges se transforment peu à peu en mauvais peintres de miniatures. Les produits de nos ateliers n'ont plus ni vigueur ni originalité. L'art s'en va une seconde fois de notre industrie. Il abandonne les émailleurs comme il a abandonné les orfèvres.

Il ne faut pas, néanmoins, dire trop de mal des Laudin ; s'ils ont manqué de tempérament et abandonné peu à peu les grandes traditions des maîtres, ils n'en ont pas moins tenté parfois d'intéressants efforts, et laissé beaucoup de jolis tableaux et même quelques belles œuvres, parmi lesquelles on peut citer les émaux de Reims, le morceau capital, croyons-nous, de la production de cette famille. La collection Taillefer possède, en dehors du bénitier signalé par nous tout-à-l'heure, quelques Laudin qui, pour n'être pas très remarquables, sont cependant d'un aspect flatteur et présentent un certain intérêt. Telle est une petite coupe sans pied de Jacques Ier, représentant Jahel et Sisara, presque tout entière en émaux translucides, très finement peinte, et où la rocaille apparaît pour compléter et relever le décor. Tels encore un Saint Antoine-de-Padoue et un Saint Alexis, du même, d'une couleur un peu triste comme beaucoup d'œuvres de cet émailleur, mais qui ne manquent pas d'un certain sentiment artistique ; un Saint Chrysostôme, de Jacques II, dont la froideur n'exclut pas un mérite relatif. Rapprochons de cette série de *poetæ minores* de la couleur, un Saint Bernard, de Pierre Noualhier, en émaux de couleur, qui est une de ses bonnes pièces, et une grisaille du même, Saint Simon Chananéen, très habilement traitée, et où les incorrections de dessin sont rachetées par le bel effet de la pièce. Plusieurs grisailles de Jacques Ier Laudin, mériteraient d'être honorablement mentionnées, si le dessin de ces pièces n'avait des aberrations singulières. Voyez par exemple *Saint Jean-Baptiste, Psyché bandant les yeux à l'Amour, Psyché et l'Amour endormis*. Quels corps disgracieux, lourds, empâtés, mal proportionnés ! Quelles formes à la fois maniérées et vulgaires ! Quel spectacle répugnant offrent à l'œil ces larges nudités, qui n'ont plus l'énergie, la fermeté, le mouvement, la vie, la jeunesse de celles du grand siècle, et qui s'étalent sans vergogne et sans excuse, surchargeant la plaque qu'elles ne décorent pas, éveillant dans l'esprit un sentiment presque pénible. Meilleur est le *Repentir de Saint Pierre* dont le dessin laisse cependant à désirer comme celui des précédents.

Il ne faut pas nous le dissimuler, nous voilà entrés dans le domaine des médiocrités. Il y en a partout, dans la collection Taillefer comme dans toutes les autres. Bien qu'elle porte la signature de Nicolas I Laudin, la *Sainte Madeleine* est mal dessinée. Son joli coloris seul la fait valoir et la distingue de quelques mauvaises plaques des successeurs de Nicolas. *Saint Joseph et l'Enfant Jésus* de Jacques I manquent de grâce et ne disent pas grand chose. *Le Christ remettant les clefs à Saint Pierre* est vulgaire et assez mal dessiné. L'encadrement toutefois n'est ni sans intérêt, ni sans mérite.

Nous avons parlé de Pierre Noualhier. On sait que jusqu'ici les amateurs, comme les écrivains qui ont traité de l'émaillerie et des émailleurs limousins, admettent l'existence de deux artistes de ce nom : les produits respectivement attribués à ces deux artistes sont caractérisés par une différence très appréciable de facture, de valeur et d'aspect.

Notre confrère et ami Louis Bourdery a émis l'avis que cette distinction n'est pas fondée; il a impitoyablement biffé un de ces Noualhier de la liste de nos émailleurs et réuni en un seul ces deux Pierre, malgré les protestations très vives qu'opposent à cette fusion leurs œuvres mêmes et que nous nous sommes permis d'appuyer. Rien n'y a fait : l'intraitable classificateur n'a pas voulu en démordre, et au lieu de Pierre I ou de Pierre II Noualhier, il entend qu'on dise Pierre Noualhier tout court. Ce n'est point ici le lieu de reprendre une querelle que pourra seule terminer la constatation, par les documents contemporains, de l'existence, entre 1657 et 1721, de deux Pierre Noualhier, ayant l'un et l'autre exercé la profession d'émailleur. Disons toutefois que, même en l'état actuel de nos connaissances, il y a quelques bonnes raisons de croire à la dualité de Pierre Noualhier, alors que nous avons sous les yeux des pièces, non seulement accusant deux manières, deux talents, voire deux tempéraments fort différents, mais aussi des signatures dont l'orthographe très diverse confirme notre opinion et semble établir qu'il y a eu deux Pierre Noualhier, sinon trois : Pierre NOVAILHER, P. NOUAILHER, P. NOUALHER l'aîné. Nous ne parlons pas de la signature Nov...ier, sans indication de prénom, qui se lit à une plaque datée de 1682 et sur laquelle le promoteur de la suppression de Pierre I — nous allions presque dire son meurtrier — a échafaudé toute sa théorie.

Pour rentrer dans la question, notons que, des plaques de Pierre Noualhier figurant dans la collection Taillefer, l'une, le *Saint Simon*, appartient sinon à Pierre I, puisque notre excellent ami lui refuse l'existence, mais à sa manière; et l'autre, *Saint Bernard*, décèle la manière de Pierre II.

La collection, comme tout ensemble un peu complet d'émaux de Limoges, est close par quelques échantillons des ouvrages des deux Jean-Baptiste Noualhier, dont les noms terminent nos listes d'émailleurs. Sachons gré à l'homme qui a réuni notre petite galerie, d'avoir fait à ces deux artistes une part modeste, comme leur talent, et d'avoir choisi pour les représenter des pièces un peu soignées et supérieures à la plupart des plaques qu'on vend couramment sous leur signature.

Le bénitier avec l'image de saint Guillaume, duc d'Aquitaine, est, toutes réserves faites sur l'entière substitution des couleurs opaques à l'émail même, une pièce assez intéressante, et les deux petites plaques de bourse qu'ornent les portraits peu authentiques du duc et de la duchesse de Bourgogne, montrent un certain soin d'exécution et une réussite relative, auxquels ni Jean-Baptiste, le père, ni Jean-Baptiste, le fils, ne nous ont habitués.

On pourra trouver la description très détaillée de tous les émaux de la collection Taillefer dans le *Catalogue de l'Exposition des sciences et des arts appliqués à l'industrie*. Limoges, 10 mai 15 juillet 1886. Section rétrospective : IV. *Emaux peints*. — Ils y figurent sous les numéros : 15, 18, 19, 32, 42, 43, 44, 58, 65, 66, 67, 73, 74, 91, 97, 119, 120, 162, 163, 164, 165, 166, 167, 168, 169, 170, 260, 261, 326, 338 *bis*, 355, 434 et 435.

IX

La collection Taillefer a un double mérite. On peut apprécier l'un de ces mérites sans être le moins du monde connaisseur. Les trente-trois émaux qui la composent sont d'une authenticité incontestable. Achetés dans le pays depuis de longues années et presque tous à une époque où l'art des « truqueurs », au moins en ce qui a trait aux émaux peints, était dans l'enfance, et où de naïfs Robillards s'évertuaient seuls à contrefaire les Raymond et les Courteys, ils ont été à plusieurs reprises étudiés de très près par les personnes les plus compétentes et n'ont jamais donné lieu au plus léger soupçon.

Une autre considération, qui sera surtout appréciée des amateurs, c'est que ces émaux n'ont jamais passé par aucune salle de ventes. Ils n'ont pas changé de mains depuis qu'ils sont devenus la propriété de M. Taillefer, c'est-à-dire depuis plus de cinquante ans pour quelques pièces, depuis quarante ans environ pour la plupart,

Jusqu'à la mort de M. Taillefer, ils ne sont jamais sortis de Limoges, et, bien qu'on ait parlé pas mal de quelques-uns d'entre eux, ils possèdent encore, n'ayant été déflorés ni par les enchères ni par les grandes expositions, une saveur d'inédit qui n'est pas sans ajouter quelque chose à leur valeur intrinsèque.

Ce que nous avons dit dans cette trop rapide notice suffira à expliquer pourquoi beaucoup de nos amis, admirateurs des arts paternels, eussent, comme nous, mortellement regretté que ces émaux suivissent, sur le chemin de Paris, et de là, probablement, au-delà de la frontière, tant d'autres belles œuvres limousines et quittassent pour toujours notre pays.

Et cependant, depuis la mort de M. Taillefer, arrivée il y a quelques mois, la vente était décidée : les enfants de M. Taillefer jugeant avec raison que le partage en nature de la collection était impossible et ne croyant aucun pouvoir garder pour lui seul l'ensemble, auquel ils assignaient une valeur assez considérable.

Pour conserver ces émaux à Limoges, on avait d'abord songé au Musée national ; mais les crédits mis à la disposition du directeur sont peu importants, et d'intéressantes acquisitions venaient précisément d'être faites par le Musée Adrien Dubouché.

Puisque celui-ci ne pouvait conserver à notre ville la petite galerie Taillefer et qu'aucun établissement public de Limoges ne se trouvait en position de l'acheter, il fallait tourner les regards d'un autre côté. Nos amis et nous songeâmes au Cercle de l'Union. L'honneur d'empêcher la dispersion de la dernière collection qui existât dans notre département ne revenait-il pas de droit, pour ainsi dire, au plus ancien et au plus riche de nos cercles, à celui qui, depuis un demi-siècle, a constamment groupé l'élite de la société limousine, — qui a toujours représenté, avec les aspirations élevées de cette élite, l'esprit général de la population dans ce qu'il a de meilleur et qui n'a jamais refusé à aucune exposition, à aucun concours, à aucune entreprise artistique un patronage empressé et généreux ?

C'était bien à cette porte qu'il fallait frapper. Nous en convînmes un certain dimanche, et à la suite d'une conversation dont l'atelier de M. Louis Bourdery pourrait avoir gardé quelques échos, M. Jules Tixier, qui avait le premier émis cette excellente idée, en saisit la commission du cercle, dans la personne de son intelligent et sympathique président, M. Adrien Delor.

C'est merveille comme on s'entend vite sur le terrain de l'art et du patriotisme local. L'idée se trouvait à peine formulée qu'elle était comprise et adoptée avec autant de bonne grâce que d'entrain.

Disons que nous avions trouvé chez MM. Taillefer le très vif et très louable désir de voir la collection formée par leur père demeurer à Limoges et d'en faciliter l'acquisition en bloc.

Il n'y avait pas de temps à perdre : déjà les émaux avaient été envoyés à Paris ; déjà ils avaient été examinés par les experts, étudiés par quelques connaisseurs. Le catalogue allait en être dressé et la vente annoncée pour la fin d'avril.

Le Comité fit diligence et l'assemblée générale, convoquée dans le plus bref délai, donna à une très grande majorité, le 2 avril 1892, son adhésion au projet d'acquisition qui lui fut soumis. Le Cercle de l'Union était trois jours après mis en possession des émaux Taillefer.

Tous les bons Limousins doivent s'en réjouir et en féliciter le Cercle, comme nous l'en félicitons. Il possédait déjà une intéressante galerie de tableaux, mais où faisait à peu près complètement défaut la note locale. Il n'en est plus ainsi aujourd'hui. Le Cercle pourra montrer, non sans fierté, à ses visiteurs, quelques beaux spécimens de l'art qui a été pendant deux siècles la gloire de la ville de Limoges. Ajoutons qu'à l'aide d'un très petit nombre d'acquisitions nouvelles, faites avec discernement, il lui sera facile de remplir les lacunes les plus sensibles de cet ensemble : sa collection d'émaux aura alors le rare mérite de donner une idée à peu près complète des évolutions de l'art de l'émailleur et du caractère distinctif des diverses phases qu'a traversées la production de nos ateliers, des dernières années du xve à la fin du xviiie siècle.

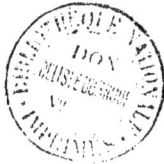

Limoges, imp. Ve H. Ducourtieux, 7, rue des Arènes.